국립과천과학관 어린이 과학 시리즈

글 국립과천과학관 정원영 그림 김정진

환경 재해 x 오즈의 마법사

글 | 국립과천과학관 정원영

지구를 사랑하는 환경교육 연구자로서 책임감 있는 미래 시민을 키워내는 사명을 가지고 있습니다. 서울대학교에서 지구과학교육을 전공하고, 환경교육으로 석사, 박사 학위를 받은 뒤 현재 국립과천과학관에서 환경연구사로 일하고 있습니다. 전시, 교육 등 다양한 매체를 통해 사람과 과학을 연결시키며, 많은 사람들이 미래를 꿈꿀 수 있는 과학관을 만들기 위해 노력하고 있습니다. 바다, 하늘, 땅, 우주, 생태 등 환경과 지구과학의 다양한 주제를 바탕으로 창의적인 기획자이자 스토리메이커로서의 길을 걸어 나가고자 합니다.
쓴 책으로는 『사이다 1: 바다탐험X인어공주』 『읽자마자 기후 위기를 이해하는 지구과학 사전』 『정모 박사의 지구 멸망 프로젝트 1: 남극 빙하를 없애라』 등이 있습니다.

그림 | 김정진

세상 곳곳의 이야기에 그림 그리는 일을 사랑합니다. 경기대학교에서 서양화를 전공하고, 같은 학교 대학원을 졸업했습니다. 한국출판미술대전에 여러 차례 입상했고, 한국어린이그림책협회 회원으로 활동하고 있습니다. 그린 책으로는 『니체의 짜라투스트라는 이렇게 말했다』 『파랑머리 할머니』 『데미안』 『힘센 방귀 주인은 나야』 등이 있습니다.

사이다 시리즈는

과학을 뜻하는 '사이언스(Science)'와 모두를 뜻하는 '다'를 합친 말입니다. '과학의 모든 것', '톡 쏘는 사이다처럼 톡톡 튀는'이라는 뜻을 담고 있죠. 강하게 발음하면 '싸이다'가 되는데, '과학적 지식이 점점 쌓인다.'라는 의미도 있습니다. 이 모든 의미 위에 과학과 독자 '사이'를 잇고자 하는 마음을 듬뿍 담았습니다.

국립과천과학관 어린이 과학 시리즈

글 국립과천과학관 정원영 그림 김정진

　20세기에 가장 중요한 능력은 문해력, 즉 글자를 읽는 능력이었습니다. 읽을 줄 알아야 자신의 이익을 지키면서 교양을 갖춘 문화인으로 살 수 있었기 때문이죠. 21세기인 지금은 과학을 이해하며 즐길 수 있는 문해력이 더해져야 합니다. 과학 문해력은 단순히 현상과 공식을 보는 행위가 아니라 사실을 오해 없이 받아들이고 실제로 이해하는 능력입니다.

　많은 사람들이 과학은 어렵다고 말합니다. 정말입니다. 과학은 어렵습니다. 그런데 과학만 어려운 것은 아닙니다. 역사도 어렵고 예술도 어렵고 경제, 철학, 지리, 문학 모두 어렵습니다. 그런데 왜 과학만 유독 어렵다고 느낄까요?

　언어가 다르기 때문입니다. 다른 분야는 우리가 평소에 사용하는 자연어로 쓰여 있어 아무리 어려워도 읽을 수 있습니다. 하지만 과학은 수학이라는 비자연어를 사용합니다. 언어가 달라서 유독 어렵게 느껴지는 것이죠.

　모든 사람이 과학자가 될 수도 없고 그럴 필요도 없습니다. 하지만 과학 문해력은 21세기의 핵심 능력입니다. 그 능력을 키워 줄 사이언스 커뮤니케이터가 직업인 과학자들이 모여 있는 곳이 있습니다. 바로 과학관입니다. 과학관의 과학자들은 전시와 교육을 통해서 과학 문해력을 높이는 일을 합니다.

이를 위해 국립과천과학관의 과학자들이 새로운 시도를 하였습니다. 어린이들의 과학 문해력을 높이는 글을 써서 공개한 것입니다. 어린이들이 궁금해하고 알아야 할 과학 지식을 재미있는 동화와 이야기 형식으로 풀어냈습니다. 여기에 상상아카데미가 글을 엮고 그림을 더하여 어린이들을 위한 과학 도서 '사이다' 시리즈를 만들었습니다.

'사이다'는 과학을 뜻하는 '사이언스(Science)'와 모두를 뜻하는 '다'를 합친 말로, '과학의 모든 것', '톡 쏘는 사이다처럼 톡톡 튀는'이라는 뜻을 담고 있습니다. '사이다' 시리즈에서 과학의 모든 것을 만나 보세요. 톡톡 튀는 사이다처럼 시원하게 즐기는 동안 과학 지식이 차곡차곡 쌓이고 과학 문해력이 껑충 뛰어오르는 경험을 하게 될 것입니다.

과학은 이제 문화입니다. 과학 문해력이 높아질수록 우리 어린이들이 살아갈 사회도 더 합리적으로 작동하게 될 것입니다. '사이다' 시리즈로 명랑 사회를 구현합시다.

2025년 10월
이정모(전 국립과천과학관장)

차례

펴내는 글   4
등장인물   8

1 내 꿈은 슈퍼 히어로

히어로 학교의 만년 꼴찌   12
다락방의 빨간 구두   16
내 맘대로 되지 않는 마법   19
빨간 구두의 비밀   24

2 불타는 숲을 지켜라

코알라의 숲을 구하라   30
히어로가 된 나무꾼 로봇   34
불타는 숲, 뜨거워지는 지구   41
양철이의 따뜻한 마음   48
도로시의 방학 탐구 생활 산불   52

3 물에 잠긴 농장을 지켜라

허수 아저씨의 식물 농장   56
쏟아지는 비, 물에 잠긴 농장   63
폭우는 왜?   69
다시 시작이야   75
도로시의 방학 탐구 생활 홍수   78

4 메마른 초원을 지켜라

싹이 튼 아침, 새로운 땅을 찾아서	82
초원의 왕 사자와 놀라운 인연	85
초원의 진짜 얼굴을 찾아서	90
초원의 물줄기	94
씨앗을 위한 결심	100
도로시의 방학 탐구 생활 가뭄	102

5 무너지는 땅을 지켜라

사라진 땅, 나타난 친구	106
땅속에 물이 없다고?	111
땅속 탐험과 흙 속의 균형	115
동굴은 천천히, 싱크홀은 갑자기	121
도로시의 방학 탐구 생활 싱크홀	124

6 다시 학교로

내일이면 개학	128
히어로는 함께일 때 진짜	131

등장인물

도로시

히어로 학교의 만년 꼴찌. 동물과 대화할 수 있는 초능력이 있다. 우연히 빨간 구두를 발견하면서 어디로든 갈 수 있는 순간 이동 능력을 얻게 된다. 새로운 능력을 활용해 강아지 토토와 방학 동안 지구 곳곳의 재해 현장을 경험하며 세상을 구하는 진정한 슈퍼 히어로로 성장한다.

토토

도로시의 단짝이자 용감하고 충직한 히어로 조수견. 도로시와 함께 다락방에서부터 모든 모험을 함께한 영리하고 사랑스러운 강아지다. 도로시의 말에 늘 귀 기울이고, 도로시가 용기를 낼 수 있도록 앞장서기도 한다.

양철이
산불 난 호주의 숲에서 만난
숲 지킴이 로봇

허수 아저씨
농장을 운영하는 허수아비 농부

오즈 박사
예지 초능력을 지닌
날씨 박사님

론
뇌파로 드론을 조종하는
히어로 학교 친구

사자
아프리카 초원의 왕

1

내 꿈은
슈퍼 히어로

히어로 학교의 만년 꼴찌

"도로시, 이번에도 꼴찌야?"
"아무래도 도로시는 히어로에 소질이 없는 것 같은데…."
 오늘도 학교에서 친구들에게 망신을 당했어. 이제는 등 뒤에서 들려오는 놀림에도 익숙해졌지. 정말 속상해. 친구들 말처럼 나는 히어로가 될 자질이 없는 걸까? 학교에 입학할 때만 해도 슈퍼 히어로가 될 자신이 있었는데, 시간이 갈수록 자신감이 사라지고 있어. 그래도 오늘부터 방학이니까 당분간 이런 놀림을 들을 일은 없겠지.

터덜터덜 집으로 돌아오니 토토가 나를 반겨 주었어. 토토는 나의 가장 친한 친구이자 가족과도 같은 반려견이야.

"멍멍!"

"안녕, 토토. 내 표정이 안 좋아 보여? 맞아. 오늘도 수업 시간에 해야 할 과제를 제대로 못 했거든."

"멍멍멍, 멍멍!"

"고마워, 토토. 나를 격려해 주는 건 역시 너밖에 없어."

내가 강아지한테 혼잣말하는 것처럼 보이겠지만, 이게 나의 초능력이야. 동물들의 말을 알아듣고 대화할 수 있지. 내가 초능력을 발견하고 히어로 학교에 입학한 건 모두 토토 덕분이야.

다락방의 빨간 구두

우울해진 기분을 달래려 토토와 함께 다락방에 올라갔어. 우리 집은 언덕 위에 있어서 꼭대기 다락방 창문으로 마을이 한눈에 내려다보여. 마을 풍경을 가만히 보고 있으면 마음이 조금 가벼워지지. 학교에선 꼴찌지만 여기선 누구보다 높은 곳에 있으니까!

"토토, 난 너와 이야기할 수 있는 내 능력이 참 좋아. 이 능력을 다른 이들을 위해 쓸 기회가 올까?"

"멍멍! 당연하지. 날 구해 준 것처럼 기회가 올 거야!"

"그때의 뿌듯한 마음을 잊지 못해. 난 꼭 멋진 히어로가 되고 싶어."

"멍멍! 넌 분명 할 수 있을 거야. 아직 열두 살이잖아. 학교 성적이 좀 좋지 않다고 네 꿈을 포기하긴 이르지."

토토의 응원과 창문에서 불어오는 바람 덕분에 기분이 나아졌어.

빨간 구두를 신으니 매우 신이 났어. 나는 슈퍼 히어로 파티에 간 내 모습을 상상하며 토토의 발을 붙잡고 춤을 추는 시늉을 했어. 구박받던 신데렐라가 유리 구두를 신고 궁전 파티에 간 것처럼 말이야! 그때였어.

펑~!

"멍멍! 여기가 어디지?"

토토의 말에 정신이 번쩍 들었어. 주위를 둘러보니 여긴 바로… 슈퍼 히어로 명예의 전당? 말도 안 돼! 매년 크리스마스에 슈퍼 히어로들이 모여 파티를 여는 바로 그곳이야! 방금까지 내가 상상하던 곳 말이야.

"멍멍. 우리가 순간 이동을 한 것 같은데. 학교에서 새로운 능력을 배워 온 거야?"

"순간 이동? 그런 초능력을 가진 친구도 있지만, 나는 아무리 노력해도 안 되던데…. 갑자기 나에게 능력이 생겼다고? 에이, 말도 안 돼."

"멍멍? 그럼 지금 일어난 일은 어떻게 설명할 건데?"

토토의 말처럼 나에게 순간 이동 초능력이 생긴 거라면 참 좋겠지만, 아무리 생각해도 그건 아닌 것 같아. 갑자기 이런 일이 벌어진 이유가 뭘까? 곰곰이 생각하던 끝에 내 시선이 꽂힌 곳은 바로 빨간 구두!

내 맘대로 되지 않는 마법

강아지 발을 잡고 춤추는 모습은 내가 생각해도 좀 웃기지만, 구두의 작동법을 알아내려면 어쩔 수 없지! 나는 토토와 함께 다시 춤을 춰 보았지만 민망하게도 아무 일도 일어나지 않았어.

"음, 춤을 추는 건 답이 아닌가 봐."

그런데 이럴 수가! 엎친 데 덮친 격으로 경비원 아저씨가 우리가 있는 파티 홀을 살피러 온 거야.

"무슨 소리가 난 것 같은데…. 거기 누구 있소?"

슈퍼 히어로들만 들어올 수 있는 파티 홀에 몰래 들어온 걸 들키면 크게 혼날 게 분명해. 나는 얼른 토토랑 파티 홀 구석으로 가서 쪼그려 앉았어.

경비 아저씨는 점점 더 가까이 다가왔고, 나는 불안한 마음에 다리를 덜덜 떨었어. 그런데 바로 그때, 펑! 소리와 함께 나와 토토는 다시 다락방으로 돌아왔어.
"어라? 다시 우리 집이야, 토토!"
"멍멍! 다행이야. 아까는 경비 아저씨한테 들킬까 봐 정말 무서웠어."
"맞아. 이 빨간 구두… 대단하긴 한데 너무 멋대로인 것 같아. 상자 속에 오래 묵혀 둔 이유가 있었네. 얼른 다시 넣어 두자."
 이 구두 때문에 마음 졸인 걸 생각하니 다시는 신고 싶지 않았어. 하지만 토토의 생각은 달랐나 봐.

"멍멍. 그러지 말고 이 구두를 활용할 수 있는 방법을 찾아보자. 이게 있다면 너의 슈퍼 히어로 꿈이 더 가까워질 게 분명해."

토토 말이 맞아. 내가 이 구두를 자유롭게 사용할 수 있다면 특별한 능력이 하나 더 생기는 거잖아. 당장 슈퍼 히어로가 되는 건 아니더라도 적어도 학교에서 꼴찌를 벗어나는 데는 도움이 되지 않겠어?

우리는 구두가 들어 있던 상자를 다시 살펴봤어. 구두의 비밀을 꼭 알아내고 싶었거든!

빨간 구두의 비밀

성공이야! 달콤한 케이크와 빵들이 나를 유혹하지만, 지금은 빨간 구두 사용법을 확인하는 게 우선이겠지? 나는 다시 발뒤꿈치를 탁탁 두 번 부딪쳤고, 다락방으로 돌아왔어.

"야호! 드디어 빨간 구두 사용법을 알아냈어!"

"멍멍, 축하해."

"이제 이 구두를 신고 뒤꿈치를 두 번 부딪치면 상상하는 어디로든 갈 수 있다고!"

내가 기뻐하는 사이, 엽서를 다시 살피던 토토가 말했어.

"멍멍. 도로시! 이 엽서에 네 이름이 적혀 있어."

"내 이름? 도로시 말이야?"

아, 맞다. 엄마가 말했지. 내 이름은 할머니의 할머니의 할머니 이름에서 따온 거랬어. 빨간 구두가 들어 있던 상자에 쌓인 먼지를 보면 도로시 할머니가 옛날에 남긴 물건인가 봐.

감사하게도 할머니의 할머니의 할머니 도로시가 남긴 엽서와 빨간 구두 덕분에 이번 방학을 아주 신나게 보낼 수 있을 것만 같아.

슈퍼 히어로 도로시 나가신다!

2

불타는 숲을 지켜라

코알라의 숲을 구하라

 방학이라 온종일 TV 앞에서 뒹굴거리는 날이 많아졌어. 오늘도 무료하게 리모컨으로 채널을 이리저리 돌리고 있었지. 그러다 뉴스에서 아주 놀랄 만한 소식을 보았어.
 호주에 큰 산불이 나서 벌써 몇 달째 그 지역 사람들은 물론 숲에 사는 수많은 동물도 피해를 입고 있다는 거야. 마침내 내가 할 일이 있겠다는 느낌이 확 들었지.
 "토토, 출동이야. 어서 같이 가자!"
 나는 빨간 구두를 신은 뒤 토토를 끌어안고 발뒤꿈치를 부딪쳤어. 우리는 곧바로 산불이 난 호주로 이동했어.

숲을 다섯 번쯤 오가자 나도 기진맥진해졌어. 슈퍼 히어로가 되기 위해서는 체력 단련도 해야 할 것 같아. 산불이 난 숲속 상황은 여전히 위험해 보였지만 잠시만 쉬기로 했어.

"너도 무서웠을 텐데 나와 친구들을 구해 줘서 고마워."

"고맙긴. 코알라 넌 괜찮아? 털이 좀 탄 거 같은데…."

"이 정도는 금방 나아질 거야. 이번엔 네 덕분에 목숨을 구했지만, 매년 일어나는 산불 때문에 너무 힘들고 무서워. 우린 여기 아니면 살 곳도 마땅히 없는데 말이야. 흑흑."

여기저기 상처투성이가 되어 슬퍼하는 코알라가 참 안타까웠어. 특히 놀란 건 바로 '매년' 산불이 난다는 거야. 이렇게 무시무시한 산불을 해마다 겪는다니….

"그런데 코알라야, 왜 이렇게 위험한 곳에 사는 거야?"

"끼긱. 원래부터 자주 불이 나던 곳은 아니야. 여긴 우리가 먹을 유칼립투스도 풍부하고, 행동이 느릿느릿한 우리가 적의 공격을 피해 살아가기에도 아주 좋은 숲이지. 그런데 최근 몇 년 동안 아주 큰 산불이 반복되고 있어."

2019년에는 몇 달 동안 계속된 산불로 인해 코알라 6만 마리 이상이 죽었거나 연기를 들이마셔서 큰 후유증을 겪었대. 최근 3년 동안 코알라의 30%가 사라졌다고 하니 정말 심각하지 않아?

히어로가 된 나무꾼 로봇

 코알라와 이야기를 나누며 잠시 숨을 고른 뒤에 나는 다시 산불이 난 숲으로 들어갔어. 이번엔 토토도 함께 말이야. 어딘가에 또 나의 도움이 필요한 동물이 있을지 모르니까 주변을 자세히 둘러보았지. 다행히 아까보다는 좀 진정되어 보였어. 다들 안전한 곳으로 도망갔거나 잘 숨은 것 같아.
 그러다 갑자기 토토가 크게 짖어댔어. 인기척을 느꼈나?

그때 누군가가 외치는 소리가 들렸어.

"거기 누구 있나요? 도움이 필요하신가요?"

숲속에서 누군가가 우리에게 다가왔어. 구조 대원인 것 같았지. 앗! 가만히 보니 사람이 아니라 로봇이지 뭐야! 머리부터 발끝까지 단단한 금속으로 만들어진 로봇 말이야.

"괜찮으세요? 놀라지 마세요. 제가 도와드릴게요."

나는 히어로처럼 나타나 우리를 도와주려는 로봇에게 수줍게 인사했어.

"하하. 반가워요. 저는 '양철'이라고 합니다. 이 숲을 지키고 있죠. 아무리 히어로라고 해도 어린 학생이 여기 있는 건 위험합니다. 저 강아지도 그렇고요. 저와 함께 안전한 숲속 지킴터로 가시죠."

양철이는 나와 토토를 진찰하더니 우리에게 이상이 없음을 확인하고는 안심하는 눈치였어. 우리를 진심으로 걱정해 주었다는 생각에 살짝 감동했지.

"그런데 당신은 이름이 무엇인가요?"

"아, 저는 도로시라고 해요. 히어로 학교에 다니고 있고요. 동물의 말을 알아듣는 초능력이 있어요. 산불 때문에 위험에 처한 동물들이 있다는 뉴스를 보고서 도움을 주고 싶어 여기에 온 거예요. 아까 코알라를 만나 이야기해 보니 산불이 매년 반복되고 있다고 해서 놀랐어요."

"아, 그랬군요. 그런데 어떻게 이 먼 곳까지…?"

"제 빨간 구두 덕분이에요. 발뒤꿈치를 탁탁 부딪치면 제가 원하는 곳으로 순간 이동을 할 수 있거든요. 아, 원래 제 건 아니고, 할머니의 할머니의 할머니가 남겨 놓으신 걸 다락방에서 발견했어요."

몸과 마음이 편해진 나는 양철이의 질문에 주저리주저리 온갖 이야기를 풀어놓았어. 내가 너무 말이 많았나 싶을 정도로 말이야. 혹시 양철이에게 다른 사람의 수다를 자극하는 초능력이 있는 건 아닐까?

"양철 님, 저도 궁금한 게 있는데 여쭤봐도 될까요?"

"그럼요. 제가 갑자기 출동해야 하는 상황이 생기지 않는다면 얼마든지 답해 드릴 수 있습니다."

"양철 님은 언제부터 이곳에서 일하셨나요? 코알라 말대로 산불이 정말 자주 일어나나요? 도대체 왜 그런 거죠? 산불이 나면 동물들은 어떻게 해요? 다른 데로 피할 수 있나요? 그리고… 산불을 막을 수는 없을까요?"

"앗, 잠깐! 하나씩 천천히 이야기하죠. 그렇게 한꺼번에 질문하면 제가 답하기가 어렵습니다."

"아, 죄송해요. 헤헤."

양철이는 원래 나무꾼 역할을 대신할 목적으로 만들어진 로봇이래. 사람들에게 쓰일 만한 적절한 나무를 찾아 베어 내는 일을 했지.

나무를 많이 벨수록 사람들은 양철이를 칭찬했고, 양철이는 칭찬을 받기 위해 점점 더 많은 나무를 베었대. 그게 좋은 일이라고 믿었던 거야.

그러던 어느 날, 나무를 베는데 양철이 앞에 새알들이 떨어졌대. 나무 위의 새 둥지를 미처 발견하지 못한 거지. 깨진 알을 보고 울부짖는 어미 새를 본 순간, 양철이는 가슴이 덜컥 내려앉았대.

양철이는 그때 처음으로 자기가 한 일이 누군가에게 비극이 될 수 있다는 걸 알게 된 거야. 그 일이 있고 난 후 사람들을 떠나 이 숲으로 오게 되었대. 그렇게 숲속 생물들을 지키는 일을 하게 된 거지.

양철이에게 그런 과거가 있었다니 깜짝 놀랐어. 큰 충격을 계기로 히어로로 거듭난 양철이처럼 나도 학교 꼴찌를 극복하고 언젠가는 멋진 슈퍼 히어로가 될 수 있겠지!

불타는 숲, 뜨거워지는 지구

"도로시는 산불에 갇힌 코알라를 구해 줄 때 무섭지 않았나요? 저는 산불을 자주 목격하지만, 산불을 볼 때면 여전히 매우 두렵습니다."

"히어로가 되고 싶다는 마음 하나로 뛰어들었어요. 막상 눈앞에서 보니까… 사실 너무 놀랐어요."

"제가 이 숲에 처음 왔을 때만 해도 산불이 이렇게 심각하지는 않았습니다. 그런데 지금은 상황이 심각하죠."

양철이 말에 따르면 산불은 여러 이유로 발생한대. 자연적으로는 번개나 폭염에 의해 불이 날 수도 있다더라고. 유칼립투스 나무에는 알코올 성분이 많아서 폭염이 오면 불이 붙기 쉽다는 거야.

하지만 많은 산불이 사람들에 의해서 시작된다고 해. 담배꽁초를 함부로 버리거나, 불꽃놀이나 캠프파이어처럼 불을 가지고 놀다가 실수해서 불이 나기도 하고, 때로는 나쁜 마음으로 일부러 불을 지르는 경우도 있다는 거야.

"산불이 나면 여러모로 큰 피해를 입게 되는 것 같아요. 나무들이 다 타 버릴 뿐 아니라, 거기 살던 동물들도 다치거나 목숨을 잃을 수도 있잖아요."

"맞습니다. 때로는 숲 인근에 있는 마을로 불이 번져서 사람들이 피해를 입기도 합니다."

"텔레비전에서 산불로 집을 잃고 대피소에서 생활하는 사람들의 인터뷰를 본 적이 있어요."

"그랬군요. 최근에는 전 세계적으로 산불이 잦아지고 있어요. 특히 몇 달에 이를 정도로 오랜 기간 산불이 계속되는 사례가 많아지고 있습니다. 정말 큰 문제이지요."

그때였어. 갑자기 숲속 지킴터에 경보음이 울렸어.

"하지만 산불에 취약한 상황이라는 경고니까 주의할 필요는 있죠. 숲을 순찰하려는데 같이 가겠습니까?"

토토와 나는 양철이를 따라 산불이 진화된 숲을 다시 순찰하러 나섰어. 나무들이 타서 없어지거나 검게 그을린 모습을 보니 울컥했어. 웜뱃이 파 놓은 구멍으로 대피했던 작은 숲속 동물들이 놀란 표정으로 얼굴을 빼꼼히 내밀고 주변을 살피는 모습도 가슴이 아팠어.

슈퍼 히어로가 되어서 사건이 일어났을 때 도움을 주는 일도 중요하겠지만, 근본적으로는 이런 일이 일어나지 않게 하는 것이 더 중요하겠다는 생각이 들었어.

대형 산불을 예방하려면 어떤 노력을 해야 하는 걸까? 아까 양철이가 있던 지킴터에서 바람, 온도, 습도를 관측한다고 했는데, 그것들이 산불과 어떤 관련이 있는 걸까?

웜뱃 파 놓은 구멍으로 동물들이 불을 피할 수 있었나 봐.

"양철 님. 불이 나면 숲이 뜨거워질 테니까 온도를 살펴보는 건 이해하겠는데, 바람이랑 습도는 산불과 어떤 관계가 있는 건가요?"

"온도가 높거나, 건조하거나, 바람이 불면 불이 쉽게 번질 수 있습니다. 그래서 건조하고 따뜻한 봄, 초여름에 산불에 잘 대비해야 하죠. 하지만 요즘에는 계절과 지역을 가리지 않고 산불이 일어나니 큰일입니다."

춥다고 알려진 러시아의 시베리아 지역에서조차 큰 산불이 났었다는 거야. 지금 우리가 와 있는 호주를 비롯해 그리스, 튀르키예 같은 유럽 나라들, 미국과 칠레, 브라질 같은 아메리카 나라들, 그리고 아프리카의 알제리까지 세계 곳곳이 큰 산불로 피해를 입고 있대.

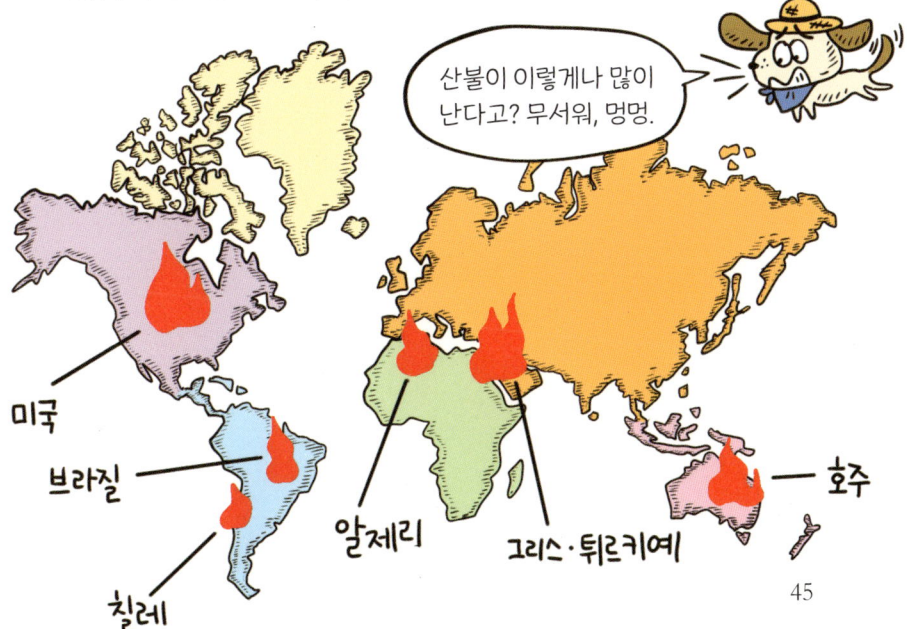

"양철 님, 이제는 기술도 발달하고, 사람들도 산불에 대해 잘 알고 대비하고 있지 않나요?"

"그렇습니다. 최근에는 드론, 로봇 등을 활용해서 산불을 과학적으로 감시하고 있습니다. 산불이 났을 때 위기에 처한 사람과 동물을 구조하는 방법이나 빠르게 불을 꺼서 다른 곳으로 번지지 않게 하는 방법도 발전했고요. 하지만 산불은 우리의 노력만으로는 통제하기 어려운 큰 재해가 되고 있습니다. 바로 지구 온난화 때문에요."

지구 온난화가 산불을 더욱 부추기고 있대. 매년 역사상 최고 기온을 기록할 정도로 폭염이 심해지고, 지역에 따라서는 강수량이 줄어 극심한 가뭄에 시달리기도 해. 이러한 기후 변화가 대형 산불로 이어진다는 거야. 40도가 넘는 온도에서는 불이 나기 쉬운데, 대형 산불이 났던 튀르키예나 그리스의 경우 한여름에 무려 기온이 50도 가까이 올라갔대.

큰 산불이 나면 숲이 타면서 엄청난 양의 이산화 탄소가 공기 중으로 퍼져. 그러면서 다시 지구 온난화를 가속화하는 거지. 게다가 이산화 탄소를 흡수하는 역할을 하는 숲과 나무들이 산불로 사라지면, 이산화 탄소가 갈 곳을 잃고 더 많이, 오래도록 대기 중에 머물게 되겠지.

과연 이 악순환을 멈출 수 있을까?

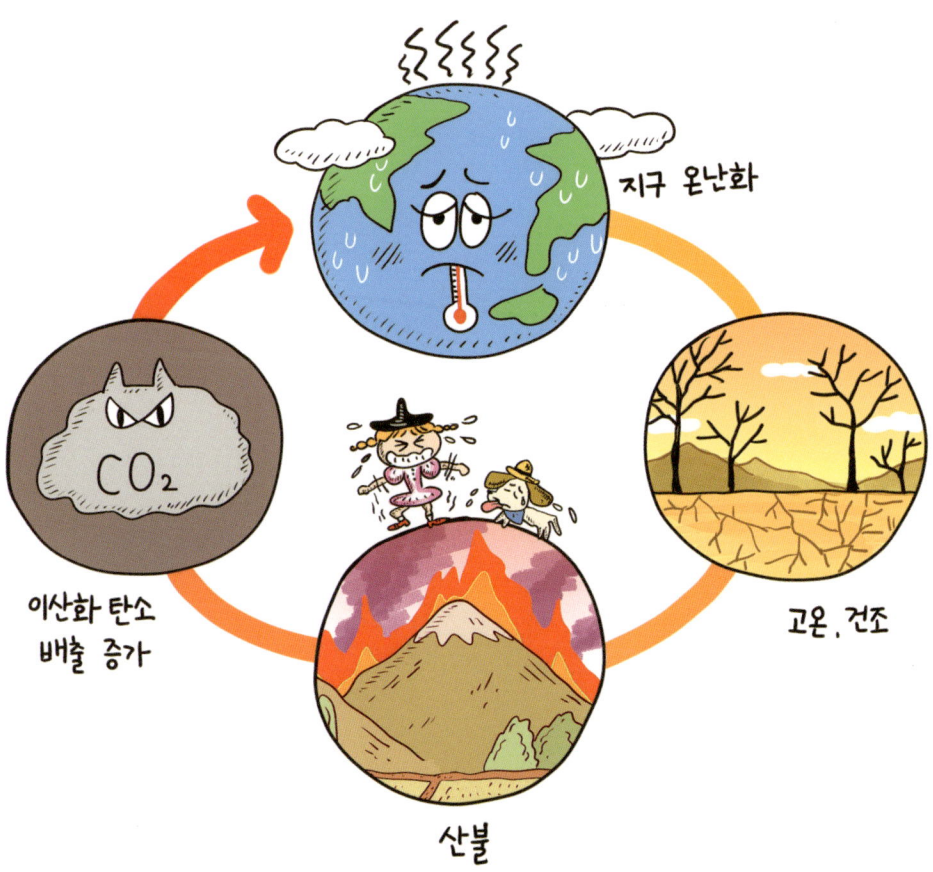

양철이의 따뜻한 마음

"앞으로도 계속 산불이 일어나고 점점 더 심해질 거라고 하니까 내가 뭘 어떻게 해야 할지 모르겠어. 나의 능력만 끌어올리면 슈퍼 히어로가 될 수 있다고 생각했는데…."

"너무 걱정하지 마십시오. 큰 산불이 자주 일어나서 피해를 입는 건 문제이지만, 산불에 좋은 기능도 있습니다."

양철이는 사람들이 숲을 관리하는 차원에서 일부러 산불을 낸다고도 했어. 산불이 난 후에 오히려 생물이 다양해지고 토양이 건강해지기도 한대. 산불에서 살아남은 나무들이 더 잘 자라기도 하고 말이야. 다만 그 산불은 인간이 통제 가능한 수준이어야 해. 우리가 손도 대지 못할 규모로 커지면 재난이 되고 마는 거니까.

"도로시는 참 마음이 따뜻한 분이군요. 저도 당신처럼 따뜻한 마음을 가지고 싶습니다."

양철이는 자신이 따뜻한 마음을 갖고 싶다고 했지만, 내가 볼 때는 이미 숲속 지킴이로서 충분히 따뜻한 마음을 가지고 있어.

"여기 제 선물을 받아 주세요. 작년 산불에서도 살아남은 씨앗이랍니다."

양철이는 떠나려는 우리에게 씨앗을 선물해 줬어. 빨간 구두가 데려다 준 이 호주 숲속에서 양철이를 만난 건 정말 행운이야. 실제 현장에서 활약하는 진짜 히어로를 만났으니 말이야. 명예의 전당에 있는 그 어떤 슈퍼 히어로보다 멋져!

도로시의 방학 탐구 생활

오늘의 탐구 주제 산불

1. 산불이란?

산이나 숲에서 나는 불을 말해.

2. 산불이 일어나는 이유

자연에서는 주로 번개에 의해 산불이 일어나. 약 100만 년 전 인류가 최초로 불을 발견한 계기도 바로 번개에 의한 산불이었다고 해. 이후 불을 다루는 방법을 찾아 음식을 익혀 먹고, 어둠을 밝히고, 금속을 녹이거나 달구어 도구를 만드는 등 인류의 역사에서 불은 매우 중요한 역할을 했지.

하지만 대부분의 산불은 인간의 부주의로 일어나. 실수나 고의로 불씨를 버리거나 불을 내는 행위가 산불을 일으키는 거지. 여기에 건조한 날씨와 바람이 더해지면 산불이 커지게 돼.

3. 대표적인 산불 사례

2019년부터 2020년까지 호주에서 블랙 서머(black summer)라고 불리는 대형 산불이 발생했어. 약 6개월 간 산불이 지속되면서 코

알라들이 서식지를 잃고 상당 수가 숨져 2022년에는 호주 정부가 코알라를 멸종 위기종으로 지정할 정도로 심각했대.

2023년 하와이 마우이섬에서는 산불로 많은 주민이 목숨과 재산을 잃었어. 아름다운 관광지로 손꼽히던 마우이섬의 마을은 잿더미가 되었고, 하와이 역사상 가장 치명적인 산불로 기록되었지.

2025년 대한민국 경상북도에서도 큰 산불이 났어. 한 사람의 실수로 시작된 작은 불은 바람을 타고 걷잡을 수 없이 퍼져 나갔지. 지역 주민들의 인명과 재산 피해뿐 아니라, 역사적 가치가 있는 문화재들도 불에 타 버린 큰 사건이었어.

4. 참고할 만한 자료

산림청 실시간 산불 정보
https://fd.forest.go.kr/

우리나라에서 발생한 산불 정보를 알아볼 수 있어.

3
물에 잠긴 농장을 지켜라

허수 아저씨의 식물 농장

토토와 나는 아랫마을 농장으로 갔어. 다락방 창문에서 내려다보면 늘 초록으로 빛나던 바로 그곳이지. 농장에는 다양한 식물들이 자라고 있었어. 과일나무와 밭작물과 예쁘게 꽃이 핀 식물도 있었지. 다른 쪽에는 향기가 폴폴 나는 풀들도 있었어. 두리번두리번 구경하고 있을 때 농장 주인이 나타났어.

예전에 이 농장은 작은 밭이었대. 마을 사람들이 밭을 조금씩 나누어서 감자나 토마토처럼 쉽게 기를 수 있는 작물을 심고 가꾸었던 곳이라고 해. 허수 아저씨는 밭에 심은 작물을 지키고 돌보는 일을 도우면서 이곳에 살기 시작했대. 새나 쥐처럼 작은 동물들이 작물을 쪼아 먹거나, 밭을 파헤치지 않도록 막는 역할을 했대. 그래서 아주 무서운 얼굴을 하고 있었지.

　그러다 보니 가끔 밭을 찾아오는 마을 사람들이 허수 아저씨의 무서운 얼굴을 보고는 슬금슬금 피한 거야. 어린아이들은 허수 아저씨와 눈을 마주치면 울음을 터뜨리기까지 했다지 뭐야. 지금은 아주 온화한 모습인 허수 아저씨를 보면 옛날 모습은 상상이 되질 않아.

 "허허. 도로시 너도 그때의 내 모습을 보았다면 도망갔거나 그 자리에서 울어 버렸을 거다."

 "에이, 아니에요. 저는 언젠가 슈퍼 히어로가 될 용감한 아이라고요!"

 "그래그래, 허허. 마을 사람들과 점점 멀어지게 된 나는 작물들을 잘 지키는 동시에 사람들과 잘 어울릴 방법을 고민하고 또 고민했단다. 식물들에 대해서도 참 많이 공부했지. 새를 막기 위해 지붕을 만들어도 잘 자랄지, 동물들이 땅을 파헤쳐 꺼내지 못할 만큼 깊이 씨앗을 심어도 잘 자랄지 등을 말이야."

"그 방법들을 다 찾아낸 거예요? 이렇게 넓은 농장에 여러 식물들이 모두 잘 자라고 있는 걸 보니 말이에요. 또 지금은 너무나도 인자하고 친절한 모습이시잖아요."

"허허, 그래. 작물을 지키는 것뿐만 아니라 새로운 식물들을 가꾸고 돌보는 것에도 관심이 생겨서 이런저런 시도를 하다 보니 어느새 다양한 식물을 돌보게 되었지."

허수 아저씨 이야기를 들으면서 문득 생각했어. 나도 언젠가 슈퍼 히어로가 되어 학교에서 늘 꼴찌였던 내 흑역사도 웃으며 이야기할 수 있게 될까? 후훗.

갑자기 빗방울이 하나둘 떨어지기 시작하더니 어느새 폭우로 이어졌어. 우린 비를 피하기 위해서 농장 가운데 있는 허수 아저씨의 오두막으로 뛰어 들어갔어. 아주 짧은 시간이었지만 토토와 나, 허수 아저씨까지 모두 흠뻑 비에 젖고 말았지.

쏟아지는 비, 물에 잠긴 농장

그때, 정신을 차린 허수 아저씨가 나지막이 말했어.
"아이고… 우리 마을에도 결국 홍수가 나고 말았구나. 그동안 조심하며 대비했는데… 흑흑."
"홍수요?"
"그래. 홍수는 비가 많이 와서 강이나 하천에 물이 넘쳐 흐르는 걸 말한단다. 이번에 농장과 오두막이 잠긴 것도 순전히 비 때문이라기보단, 그 비가 한꺼번에 쏟아지면서 강물이 넘쳐 마을을 덮쳤기 때문이지."

"아… 그래서 토토가 강물 이야기를 한 거였군요."

"그래. 특히 예고 없이 갑자기 닥치는 홍수를 '돌발 홍수'라고 해. 이번처럼 말이야."

돌발 홍수는 좁은 곳에 비가 한꺼번에 많이 쏟아질 때 주로 일어나는데, 지역이나 계절적인 이유가 더해지기도 해. 예를 들어, 겨울에 쌓였던 눈이 봄에 녹으면서 물이 많아지는 시기에는 돌발 홍수가 일어날 가능성이 훨씬 크지.

"돌발 홍수가 나면 집과 땅이 물에 잠겨 재산 피해가 생기거나 사람이나 동식물들이 물에 빠지거나 휩쓸려 생명을 잃을 수 있단다. 시간이 지나 물이 빠져도 부서진 집과 물건들을 다시 고치거나 치우는 것도 정말 어렵지. 심지어 전염병이 퍼질 수도 있고 말이야."

"무서워할 필요는 없단다. 홍수는 큰 피해를 주는 재해이지만 충분히 대비할 수 있거든."

"그런 방법이 있다면 우린 왜 여전히 홍수 피해를 겪는 거죠?"

"홍수는 갑자기 강물이 넘쳐흐르면서 일어나는 거라고 설명했지? 그러니 강의 폭을 넓히거나, 바닥을 깊게 파서 강이 더 많은 물을 담을 수 있게 하면 도움이 되지. 때로는 홍수가 났을 때 피해를 줄이기 위해 강이 흐르는 길을 일부러 사람이 살지 않는 쪽으로 바꾸기도 하고, 강물의 양을 조절하기 위해 댐을 짓기도 한단다."

"강을 사람 마음대로 바꿀 수 있다니, 정말 신기해요. 세상엔 진짜 보이지 않는 슈퍼 히어로들이 많은 것 같아요!"

"허허, 그렇게 생각할 수 있겠구나. 물론 홍수 위험이 있는 곳엔 사람이 살지 않는 게 좋아. 하지만 우리가 살아가려면 물도 꼭 필요하잖니? 그래서 어쩔 수 없이 강 주변에 사는 사람들도 있는 거지. 내 농장처럼 말이야."

"맞아요. 그런데 대비 방법을 알아도 피해를 입고 말았잖아요."

"흠…. 그건 우리가 미처 예측할 수 없을 정도로 폭우가 쏟아졌기 때문이란다. 내가 수십 년 동안 이 농장에서 살면서 이런 비는 처음 겪었거든. 아까 봤듯이 내가 물 공포증이 있어서 항상 농장 근처 강을 유심히 살펴보며 지냈단다. 그런데 오늘은… 정말 당황스럽고 충격적이었지."

오늘 같은 돌발 상황엔 어떻게 대처해야 할까? 내가 어떤 능력을 더 갈고닦아야 이런 문제를 해결할 수 있는 슈퍼 히어로가 될 수 있을까?

폭우는 왜?

허수 아저씨가 농장을 더 안전하게 다시 짓겠다며 아랫마을로 돌아가신 뒤에도 나는 어제 있었던 일이 머릿속에서 떠나지 않았어.

"멍멍! 도로시, 또 고민 중이야?"

"어? 음… 맞아. 토토, 혹시 내 마음을 읽은 거야?"

"멍멍! 미래의 슈퍼 히어로 조수인 나 토토에게 이 정도는 기본이지!"

"토토, 어제처럼 한꺼번에 비가 쏟아지는 걸 막을 방법은 없을까? 마을 전체를 덮는 초대형 우산을 만들어내는 초능력이면 될까? 아니면 마음대로 물을 다스리는 능력?"

"멍! 도로시, 너 진짜 그런 초능력을 배우는 게 가능하다고 생각하는 거야?"

"하긴 히어로 학교 꼴찌 도로시한테는 좀 무리일지도 모르겠네…."

"도로시, 내 말은 그게 아니라…. 멍멍! 네가 지금 가진 능력으로도 충분히 이 문제에 다가갈 수 있다는 거지. 그러니까 힘내라고!"

토토는 내 마음을 들었다 났다 한다니까. 토토의 말에 용기를 얻은 나는 비가 내리는 원리부터 제대로 알아보고 싶었어. 누구에게 물어봐야 할까?

'도로시, 오늘은 오즈 박사님이 비 온다고 했으니 우산 챙겨 가렴.'

내가 학교 가기 전에 가끔 엄마가 해 주던 말씀이 문득 떠올랐어. 매일매일 뉴스에서 날씨를 알려 주는 바로 그 오즈 박사님!

박사님의 매몰찬 반응에 순간 당황했지만, 나는 침착하게 어제 있었던 일과 내 고민을 솔직하게 말씀드렸어. 그러자 박사님도 왜 그렇게 반응하셨는지 이야기를 들려주셨어. 사실 오즈 박사님도 히어로 학교 출신이래. 내일 일 어날 일을 미리 알아맞히는 '예지' 초능력을 갖고 있었지. 그래서 날씨 예보도 늘 정확했던 거야.
　그런데 최근에는 날씨 예측이 자주 빗나간다고 하셨어. 어제의 폭우도 그 정도로 심할 줄은 몰랐대. 그 바람에 피해를 입은 사람들이 많았던 거야. 그 일을 두고 사람들이 박사님께 항의를 많이 했나 봐. 그래서 박사님은 이젠 초능력만 믿지 않고, 과학적으로 직접 날씨를 연구하고 있대.

"박사님, 어제 폭우가 쏟아진 이유는 알아내셨어요?"

"글쎄. 최근 들어 우리 마을뿐 아니라 전 세계에서 폭우와 홍수 피해가 늘고 있어. 그래서 나도 세계 곳곳의 과학자들과 이 문제에 대해 계속 이야기해 왔단다. 그런데 하필 어제, 우리 마을에 폭우가 쏟아진 거지. 내가 정확히 예측하지 못한 게 너무 후회스럽구나."

"전 세계에서요? 호주의 숲에서 만난 양철이도 요즘 전 세계적으로 대형 산불이 많아졌다고 했어요."

"그래. 산불이든, 홍수든, 폭우든… 근본적인 원인은 같을 가능성이 크단다."

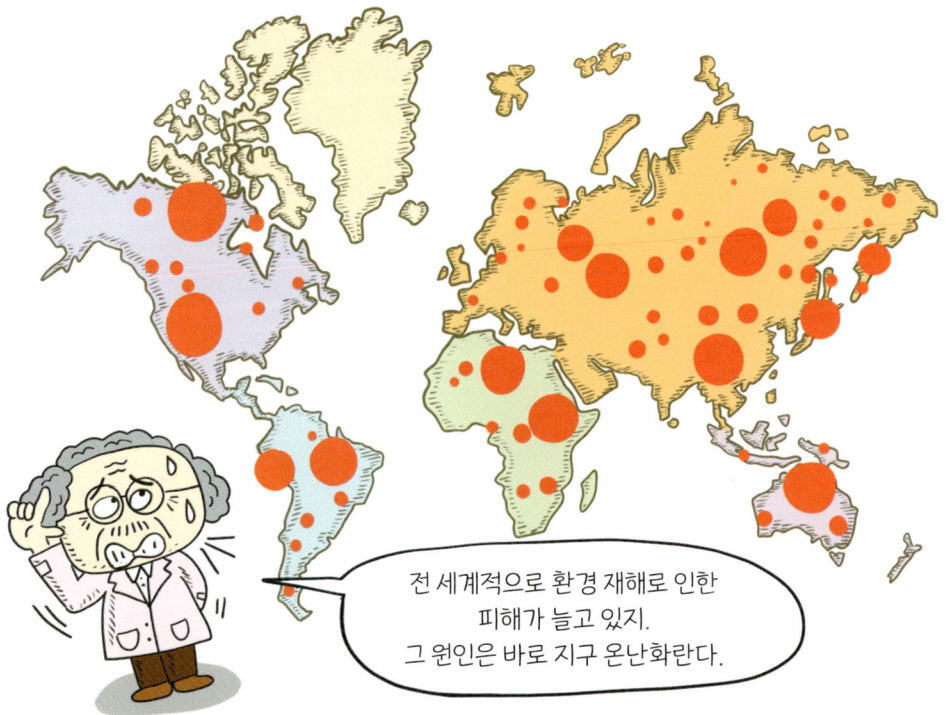

전 세계적으로 환경 재해로 인한 피해가 늘고 있지. 그 원인은 바로 지구 온난화란다.

다시 시작이야

오즈 박사님을 만난 후, 마음이 한층 더 무거워졌어. 슈퍼 히어로가 되어도, 지구 온난화라는 커다란 문제를 과연 내가 해결할 수 있을까 하는 의심이 들었거든.

무거운 마음으로 집에 돌아오니, 허수 아저씨로부터 반가운 편지가 와 있었어. 강물이 넘치면 낮은 땅으로 흘러가니까, 예전보다 조금 더 높은 곳으로 농장을 옮기셨대. 그리고 그곳에서 처음부터 다시 식물들을 가꿀 거래. 나도 시간이 날 때마다 가서 도와드릴 생각이야. 농장을 가꾸고 돌보는 일은 초능력이 없어도 할 수 있으니까!

도로시와 토토에게

도로시, 토토. 그때 도와주어서 정말 고마웠단다. 지금 농장이 있는 곳은 다시 홍수가 날 위험이 있다고 해서 위치를 옮겼어. 새로 다시 시작하려니 오히려 설레는구나.

너희가 궁금해하던 씨앗이 어떤 종류일지 몰라 여러 씨앗들에 대해 정리해 두었단다. 혹시 싹이 튼다면 내게도 알려주렴. 너희가 정성을 다한다면 언젠가 자랄 테니 너무 조급해하지 말고.

도로시, 씨앗에서 싹이 트는 것은 결코 쉬운 일이 아니란다. 네가 슈퍼 히어로가 되는 일도 마찬가지겠지. 그래도 너에게 꼭 필요한 햇볕과 물, 양분을 내가 조금이나마 보태 주고 싶구나. 도로시 네가 슈퍼 히어로가 되는 길에 내가 함께하며 도움을 줄 테니, 언제든 필요할 땐 나를 찾아오렴.

— 허수 아저씨가

아저씨는 씨앗의 종류에 따라 필요한 햇볕의 양, 물 주는 간격과 양, 기르는 데 적합한 온도까지 정리한 자료도 함께 보내 주셨어. 내가 가진 씨앗의 모양을 비교해 보고, 가장 알맞은 방법으로 잘 키워 보라고 하셨어. 싹 틔우는 걸 너무 조급해하지 말라는 당부와 함께, 내가 슈퍼 히어로가 되는 길에 도움을 주겠다고 하셔서 정말 감동받았어.

나는 다락방 창문 너머로 아랫마을을 내려다보며 언젠가 다시 초록으로 빛날 허수 아저씨의 새로운 농장을 상상했어. 아저씨의 정성이라면 분명 머지않아 현실이 되겠지.

도로시의 방학 탐구 생활

오늘의 탐구 주제 홍수

1. 홍수란?

강이나 하천 등에서 갑자기 크게 불어난 물이 밖으로 흘러넘쳐 주변의 땅이 잠기는 현상을 말해.

2. 홍수가 일어나는 이유

홍수는 짧은 시간 동안 좁은 지역에 많은 양의 비가 한꺼번에 내리는 집중 호우 또는 폭우가 주된 원인이 되어 일어나. 최근 지구 온난화로 인해 그 빈도와 강도가 더욱 심해지고 있대.

도시에서는 하수구가 쓰레기 등으로 막혀 빗물이 하수도로 빠져나가지 못하고 도로 등으로 넘쳐 흘러 홍수가 일어나기도 해.

3. 대표적인 홍수 사례

2021년 인도네시아에서는 1월 한 달 동안 홍수가 무려 136건이나 발생했어. 인도네시아에서 발생한 전체 자연 재해 중 약 38%가 홍수라고 해.

2022년 파키스탄에서는 기록적인 폭우와 대홍수로 인해 국가의

약 1/3이 잠겼어. 기온이 높아지면 대기 중 수증기량이 더 많아져 폭우가 내릴 확률이 높아지는데, 당시 파키스탄의 기온이 40도 이상에 달했거든. 게다가  히말라야 산맥의 빙하가 녹아내려 강물의 양이 많아진 것도 대홍수의 원인 중 하나였지.

이에 파키스탄은 2022년 유엔기후변화협약 당사국총회에 참여하여, 전 세계에 기후 위기 대응과 피해 보상을 촉구하기도 했어.

2025년 대한민국 서울에서도 폭우로 도심이 침수되는 사건이 있었잖아. 반지하 집이나 지하 차도, 지하 주차장 등에서 많은 피해가 발생하며 도시 홍수에 대한 경각심을 일깨운 계기가 되었지.

4. 참고할 만한 자료

 홍수위험지도 정보시스템
https://floodmap.go.kr

자신이 살고 있는 지역의 홍수 위험 정보를 알아볼 수 있어.

4

메마른 초원을 지켜라

싹이 튼 아침, 새로운 땅을 찾아서

새싹이 튼튼하게 자라려면 시간이 더 필요하겠지만 무사히 싹을 틔웠다는 사실만으로도 정말 기분이 좋았어.

하지만 한편으론 고민이 시작됐지. 허수 아저씨 말씀으로는 싹이 트면 넓은 땅에 옮겨 심어야 한다고 하셨거든. 정성껏 가꾼 싹을 어디에 옮겨 심을지 고민했어. 꼭 의미 있는 곳으로 보내 주고 싶거든.

"토토! 이 싹을 옮겨 심어야 하는데, 어디가 좋을까?"

"멍멍! 허수 아저씨의 농장은 어때?"

"음… 그러면 자주 가서 볼 수도 있고, 아저씨의 실력이면 쑥쑥 잘 자라나겠지. 그건 너무 쉬운 방법인 것 같아. 히어로에 어울리는 의미 있는 일은 없을까?"

미래의 슈퍼 히어로인 내가 열심히 키운 이 새싹도 다른 이들을 돕는 데 쓰이면 좋겠다는 생각이 들었어.

"산불로 고통받던 양철이네 숲으로 다시 보내 줄까?"

"하지만 도로시, 이 씨앗은 양철이에게 받은 거잖아. 원래 있던 곳으로 다시 보내기보다는 또 다른 곳으로 퍼져 나가면 더 좋을 것 같아."

"식물이 잘 자라지 않는 사막이나 남극, 북극 같은 곳은 어떨까? 그런 곳이라면 이 새싹이 정말 귀한 존재가 되겠지. 하지만 환경에 적응 못 하고 금세 시들어 버리면 어떡하지? 흐음…. 식물이 살아갈 만한 환경이면서, 새싹이를 반가워할 만한 곳이면 좋겠는데…."

초원의 왕 사자와 놀라운 인연

내가 떠올린 곳은 바로 아프리카 초원이야. 초원은 나무는 적지만 풀이 잘 자랄 수 있는 곳이지. 그리고 기린이나 얼룩말 같은 다양한 초식 동물들이 살고 있잖아. 그만큼 식물들도 많다는 뜻이지. 어때, 새싹이가 새롭게 살아가기에 적당해 보이지 않아?

우리가 초원을 두리번거리며 둘러보고 있을 때였어. 어느새 사자 한 마리가 슬그머니 다가와 있었지! 토토는 작은 몸으로 사자를 경계하며 멍멍 짖어댔고, 나는 무서워서 꼼짝도 못 하고 서 있었어.

초원을 상상하면서 왜 초식 동물만 떠올렸을까? 나도 참 어리석었지. 초원의 왕이라고 불리는 사자를 만날지도 모른다는 걸 대비했어야 했는데….

알고 보니 아주 오래전, 그러니까 우리 할머니의 할머니의 할머니가 어린 시절에 사자의 할아버지의 할아버지의 할아버지와 아주 친한 사이였대. 사자 할아버지는 도로시 할머니의 도움으로 큰 용기를 얻을 수 있었고, 이 초원의 왕이 되어 지금까지 대를 이어 다스리고 있다지 뭐야. 그리고 지금, 오랜 시간이 흐른 뒤에 이렇게 다시 도로시와 사자가 만난 거지. 정말 신기한 인연이지?

 사자는 우리에 대한 경계를 모두 풀고 오히려 우리를 아주 극진히 대해 주었어. 할머니 덕을 제대로 봤어.

초원의 진짜 얼굴을 찾아서

사자는 아프리카 초원에 대해 자세히 알려주었어.

"아프리카 초원은 '사바나'에 속하는데, 적당한 기온과 습도 덕분에 많은 야생 생물들이 살아가고 있지. 나무보다는 키 큰 풀들이 주로 자라기 때문에 그 풀을 먹는 초식 동물들이 살기 좋은 곳이야. 초식 동물들이 많으니 나 같은 육식 동물들도 모여든 거지. 으르릉."

듣고 보니 새싹을 옮겨 심을 곳을 잘 선택한 것 같지?

"으릉. 멍멍이 네가 초원이 살기 어려운 곳이라고 생각한 것은 오랫동안 사람들과 같이 살아왔기 때문일 거란다."

"사람들이 주로 식량을 얻는 농업과 축산업, 임업이 이곳에서는 적합하지 않은 편이거든. 초원은 우리 야생 생물들에게는 천국 같지만 사람들에게는 척박한 환경인 게지."

"그러고 보니 여기 와서 사람들을 만나지 못했네."

"으르릉… 그래. 이 지구에는 다양한 생물들이 각자 환경과 기후에 적응하면서 살아가고 있단다. 너희가 이곳에서 살아가기 어렵듯이, 나도 너희가 사는 도시에서는 살아가기 어려울 거야."

"앗! 그러면 우리 집에서 틔운 새싹도 이곳에 적응하기 힘들까?"

"으르릉… 글쎄, 그건 너의 새싹에게 달려 있겠지."

"호주의 숲에서 가져온 씨앗이지만 우리 집 화분에서도 싹을 잘 틔웠으니 이 초원에서도 쑥쑥 잘 클 수 있을 거라고 믿어! 미래의 슈퍼 히어로 도로시가 키운 새싹이니까 탁월한 적응 초능력을 가진 히어로 식물로 자랄 거야!"

"멍! 도로시도 참… 저런 식으로 억지를 피우다니!"

초원의 물줄기

갑자기 우르르 요란한 발소리와 함께 땅이 둥둥 울리는 진동이 느껴졌어.

"멍멍! 이게 무슨 소리지? 땅도 흔들려!"

"으르렁! 누 떼가 몰려오는 소리야. 이쪽으로 피해!"

"누 떼?"

"으응, 그래. 누는 먹을 풀과 마실 물을 찾아 떼를 지어 대이동을 하곤 해. 우리 사자들의 먹이이긴 하지만, 쉽게 볼 상대가 아니야. 으르르… 저 덩치와 뿔을 보라고."

사자는 한꺼번에 달려오는 누 떼를 피하자고 했지만, 나는 왠지 따라가 보고 싶었어.

우리는 사자를 타고 누 떼를 따라갔어. 어느 정도 달려가니 기다란 강이 나타났고, 누들은 여유롭게 목을 축이고 있었어.

"우아! 초원에 이렇게 큰 강이 있다니!"

"뭘 그렇게 놀라? 생물들이 살아가는 곳에 물이 있는 건 당연하지! 으르릉."

"그렇지만 이렇게 큰 강이 있다는 건 몰랐어. 강이 생길 정도로 비가 많이 오기도 해?"

"으릉. 사바나에는 비가 내리는 우기와 건조한 건기가 번갈아 가면서 계절처럼 돌아와. 우기는 1년에 3~4개월 정도 지속되지. 지금은 건기야. 그래서 강물도 더 줄어든 상태고 풀들도 좀 말라 있어. 으르릉."

얼마 전에 우리 동네 아랫마을에서 허수 아저씨와 함께 홍수를 겪었던 일이 떠올랐어. 평화로워 보이는 초원의 강이 부럽다는 생각이 들었지. 그러던 차에 사자가 갑자기 큰 한숨을 내쉬었어.

"휴, 다행이네, 다행이야. 으르릉… 걱정이네, 걱정이야. 으릉으릉…."

"사자야, 그게 무슨 말이야? 난 여기가 부럽기만 한걸. 다행인 건 뭐고, 걱정인 건 또 뭔데?"

"얼마 전 초원의 한 물웅덩이에서 큰일이 있었어. 코끼리 수백 마리가 물웅덩이 근처에서 떼죽음을 당했지."

사자는 정확한 이유는 모르지만, 바이러스 때문이라고 생각한대. 그래서 누 떼들이 강에서 안전하게 목을 축이는 모습을 보고 다행이라고 한 거야.

"나도 학교에서 초원에 사는 동물들이 떼죽음을 당한 사건에 대해 배운 적이 있어. 히어로들이 해결하지 못한 사건 중 하나였지."

그때 선생님께서 히어로들이 능력을 갈고닦아도 해결하기 어려운 문제들이 점점 더 많이 생겨난다고 하셨지. 생각해 보니 코알라가 살던 숲에 일어난 대형 산불도, 허수 아저씨의 농장을 덮친 폭우와 돌발 홍수도 마찬가지야. 히어로의 활약만으로 어찌할 수 없는 사건들이었잖아.

"으릉. 게다가 아무리 건기여도 과거보다 훨씬 줄어든 강물을 보니 걱정이 돼. 초원이 기후 변화를 겪으면서 점점 메말라 가고 있어."

날씨가 더 건조하고 더워지면서 초원에도 물이 부족해지기 시작했대. 특히 물 의존도가 높은 코끼리 같은 동물들은 물을 구하지 못해 목숨을 잃거나, 물을 찾아서 인간들이 사는 곳까지 가게 되어 위협을 받기도 한대.

"으릉으릉. 점점 더워지는 걸 견디는 것도 어려운데, 물까지 부족해지면 앞으로 어떤 일이 벌어질지 너무 두려워. 도로시, 네 할머니가 우리 할아버지께 용기를 준 것처럼 네가 우리를 도와주면 안 되겠니?"

"나도 할 수만 있다면 뭐든지 하고 싶어! 내가 힘없고 보잘것없는 꼴찌라는 게 정말 화가 나!"

그동안 히어로 학교에서 배운 것은 우리가 사는 사회에서 겪는 크고 작은 충돌들을 해결하는 방법이었어.

그런데 내가 이번 방학 동안 겪고 있는 사건들은… 초능력으로도 어찌할 수 없는 어마어마한 일들인 것 같아. 양철이의 따뜻한 마음도, 허수 아저씨의 똑똑함도, 사자의 용기도 어쩌지 못하니 말이야.

씨앗을 위한 결심

초원에 무사히 새싹을 옮겨 심은 우리는 집으로 돌아왔어. 때로 화분이 있던 창가를 보면 마음이 살짝 허전하기도 해. 하지만 그런 마음이 들수록 초원을 위해 내가 무얼 할 수 있을지 떠올려 보는 습관이 생겼어.

요즘에는 양철이와 허수 아저씨의 도움을 받아 마을 사람들에게 씨앗들을 하나씩 나누어 주고 있어. 내가 새싹을 틔우며 가졌던 간절한 마음과 이 작은 씨앗과 싹이 모이고 모이면 큰 힘이 되어 세상을 바꿀 수 있을 거라는 믿음을 편지에 적어 함께 전하고 있지. 나 혼자 슈퍼 히어로가 되어 세상을 구할 게 아니라, 우리 모두가 조금씩 함께 노력하자는 게 내 전략이야. 호호.

도로시의 방학 탐구 생활

> **오늘의 탐구 주제** 가뭄

1. 가뭄이란?

오랫동안 비가 내리지 않아 물이 부족해지는 현상을 말해.

2. 가뭄이 일어나는 이유

가뭄은 대기 중에 수증기량이 부족해져 비가 평소보다 덜 내리거나, 건조한 바람이 지속적으로 부는 경우에 발생해.

땅이 포함하고 있는 수분이 많이 증발해 흙이 건조해지면 '토양가뭄'이 일어나는데, 이 경우 농작물이나 식물들이 잘 자라지 못해 식량 부족 등 2차 피해가 발생할 수 있지.

3. 대표적인 가뭄 사례

2020년부터 2023년까지 아프리카 케냐는 수년간 극심한 가뭄으로 수많은 가축이 폐사하는 등 큰 피해를 겪었어. 비가 와야 하는 우기에도 강물이 마르고 식수와 식량을 구하기 어려워 많은 이들이 기근의 위험에 몰리기도 했대.

2024년 브라질 아마존 지역도 극심한 가뭄에 시달렸어. 강의

수위가 수백 미터나 낮아져 강 아래 잠겨 있던 유적지가 드러날 정도였고, 콩이나 옥수수 등 곡물, 커피 같은 주요 작물의 생산과 수송에도 큰 차질이  생겼지. 브라질은 세계 최대 곡물 수출국 중 하나이기 때문에 이 가뭄은 전 세계적인 식량 공급난을 불러오기도 했어. 또한 아마존 열대 우림에 사는 여러 동식물들에게도 심각한 생존 위협이 되고 있다고 해.

   2023년 대한민국 남부 지방은 50년 만에 최악의 가뭄을 겪었어. 광주와 전라남도 지역에서는 무려 281.3일간 가뭄이 이어졌지. 긴 가뭄으로 저수지와 댐의 물 양이 줄어들면서, 식수와 농업용수 공급에 차질이 생기고 물 부족 위험을 겪었대.

4. 참고할 만한 자료

 국가가뭄정보포털
https://www.drought.go.kr

우리나라의 가뭄 정보를 알아볼 수 있어.

5

무너지는 땅을 지켜라

사라진 땅, 나타난 친구

땅에 아주 큰 구멍이 나 있었지만 다행히도 다친 사람은 없었어. 게다가 도움을 요청하는 동물들의 소리도 딱히 들리지 않는 것을 보니, 이 사건으로 피해를 입은 동물들도 없는 것 같았지. 모두 무사하다니 정말 다행이야.

"어쩌다가 땅이 무너진 걸까, 토토?"

사건 현장에 출동한 히어로들이 무너진 땅 주변으로 사람들이 다가오지 못하게 막고 있었어. 가까이 갈 수 없으니 더 궁금했지만, 땅속에 들어가 보는 건 좀 무섭더라고.

"지진이라도 난 건가? 지진 때문에 땅이 한 군데만 둥글게 무너지기도 하나?"

"흠…. 그게 아냐."

모여 있던 사람들 틈에서 한 아이가 내 말을 듣고 중얼거렸어. 히어로 학교에 다니는 친구 론이었어. 론은 두꺼운 렌즈의 안경을 쓰고 있어서 어디를 보고 있는지 도통 알기 어렵고, 목소리도 작아서 무슨 말을 하는지도 알아듣기 힘들어. 다른 친구들이 대놓고 놀리지는 않지만, 잘 어울려 주지도 않아서 혼자일 때가 많은 친구야. 친한 건 아니지만, 방학 중에 학교 친구를 만나니 반가운 마음에 먼저 인사를 건넸어.

"론, 내 말 듣는 거야? 뭘 그렇게 보고 있어?"

"멍멍! 저 안경으로 무언가 보는 것 같아!"

토토 말대로 론은 두꺼운 안경으로 어딘가를 보고 있었어.

"이 안경은 뇌파로 운전할 수 있는 작은 드론과 연결되어 있지. 지금 나는 드론으로 저 커다란 구멍 안을 여기저기 들여다보고 있는 거라고. 흠."

론의 히어로 초능력이 바로 이거였나 봐.

"론, 저 안을 볼 수 있는 거야? 오호! 저 구멍 안이 정말 궁금했는데… 안경 좀 이리 줘 봐. 나도 한번 보자."

론의 안경을 뺏어서 써 봤는데, 나는 아무리 눈을 크게 뜨고 봐도 그저 돋보기를 낀 것처럼 어지럽기만 했어.

"흠… 역시… 꼴찌는 아무나 하는 게 아니었어…. 크크."

"흥! 저기에 뭐가 있는지 알 수 없어서 살짝 무서울 뿐이야. 나는 마음만 먹으면 저 안에 직접 들어가서 볼 수 있거든!"

"멍멍! 도로시, 론이랑 같이 가자. 론은 저 안을 볼 수 있고, 너는 저 안으로 갈 수 있잖아."

"음, 역시 영리한 토토. 내가 진짜 슈퍼 히어로가 되면 꼭 널 조수로 써 줄게."

한 손으로는 토토를 안고, 다른 손으로는 두리번거리는 론의 손을 꼭 붙잡았어. 그리고 빨간 구두를 탁탁!

땅속에 물이 없다고?

우리 셋은 순식간에 땅속 어딘가에 도착했어. 갑자기 일어난 일에 론은 좀 놀랐지만, 내가 방학 동안 이 빨간 구두를 찾아서 새로운 능력을 얻게 된 이야기를 듣고는 축하해 줬어. 얌전한 론도 새로운 경험을 할 기대 때문인지 조금은 흥분돼 보였지. 역시 히어로 학생다워.

"자, 이제 어디로 가 볼까? 여긴 온통 흙더미뿐이네."

"흠… 역시 없네, 없어."

"론, 아까부터 자꾸 뭐가 없다는 거야?"

"음… 물! 물이 없어."
"물? 목이 말라? 땅속에 물이 없는 게 뭐 어때서?"
"물은 이 땅 꺼짐의 이유라고."
땅이 무너져서 커다란 구덩이가 생기는 걸 '싱크홀'이라고 한대. 땅속에 차 있던 지하수가 사라져서 공간이 생기게 되고, 결국 땅이 무너져 내린 거야.
"무너지기 전에는 땅속에 물이 가득 차 있었다는 거야?"
"흠… 도로시한테 부족한 게 초능력만이 아니었군…."
"론! 모르는 걸 당당히 물어보는 것도 큰 용기이자 능력이라고!"

"흠… 그렇게 당당히 말한다면…. 설명해 주지…. 땅속으로 물이 스며들어 모여 있는 지하층을 '대수층'이라고 해. 그런데 여러 이유로 지하수가 빠져나가면 빈 공간이 생기고, 주변 압력을 버텨 내지 못해서 무너지면 싱크홀이 생기는 거지."

"론, 이건 절대로 내가 아니라 토토가 궁금해하는 건데, 땅속에 잘 있던 물이 왜 빠져나가는 거야?"

"흠… 땅속 지층이 서로 어긋나거나 균열로 틈이 생기면, 고여 있던 지하수가 그 틈으로 스며들게 되고, 흐음… 틈이 점점 커지다가 지하수가 다 빠져나가기도 하지."

땅속에 물이 모여 있다가

생긴 틈으로 물이 빠져나가서

땅이 무너져 내린다.

"그럼 땅속에 틈이 안 생기게 꽉 막아 놔야 하나?"

"흠… 그렇게 자연스럽게 물이 빠져나가는 것만이 원인은 아니라… 사람들이 과도하게 지하수를 퍼 올려서 물이 확 줄어드는 경우도 많아."

자연적으로는 주로 틈이 생기기 쉬운 퇴적암층에서 싱크홀이 발생하지만, 최근에는 도시 내부에서 싱크홀이 많이 일어난다고 해.

"론, 그러면 도시에서 일어나는 싱크홀은 지하에서 물이 빠져나가서 생기는 게 아니야?"

"흠… 그게 궁금하다면, 너의 능력을 다시 빌려 볼까?"

"호호. 얼마든지! 어디로 가면 되는데?"

땅속 탐험과 흙 속의 균형

"흠…. 여기를 만져 봐, 도로시."

수도관 사이를 만져 보니 흙이 축축했어. 땅속의 흙이나 모래가 과도하게 젖으면 서로 뭉쳐지지 못해서 땅이 무너지기 쉽대. 땅속에 묻혀 있는 수도관이 오래되거나 망가지면 물이 관 밖으로 새어 나와 주변의 흙을 적셔서 땅이 약해지고 무너지는 거야. 서울에서 발생하는 싱크홀의 약 85퍼센트 정도가 이런 망가진 수도관이 원인일 정도라지 뭐야.

"멍멍! 마른 흙보다는 젖은 흙이 더 잘 뭉쳐지지 않나? 모래 놀이를 할 때도 일부러 모래를 물로 적시잖아."

"어? 듣고 보니 그렇네?"

토토의 말을 듣고서는 내가 생각해 낸 듯 론에게 질문을 했어. 후훗.

"론, 그런데 흙이나 모래가 물에 젖어야 잘 뭉쳐지는 거 아냐? 마른 흙이나 모래는 서로 뭉쳐지지 않잖아."

"흠… 그것도 맞지만… 도로시, 그러면 해변에서 모래성을 만든 다음에 파도가 그걸 덮치면 어떻지?"

"음… 모래성이 무너지지. 아… 그렇네!"

"흠, 그래. 네 말대로 적당한 물은 흙이나 모래가 서로 더 잘 뭉쳐지도록 해 주지."

"흠… 하지만 그 한계를 넘어설 정도로 물이 많아지면 오히려 물에 쓸려서 흩어지는 거야."

론의 말을 들으니 '적당하다'는 게 얼마나 중요한지 깨달았어. 산불이 심해져 대형 산불이 되면 많은 생명체들을 해치고, 적당히 내리는 비는 도움이 되지만, 폭우가 내리거나 심한 가뭄으로 이어지면 큰 피해가 되잖아. 무엇이든 자연이 감당할 수 있는 한계나 인간이 대응할 수 있는 한계를 넘어서면 문제가 되는 거지.

"론, 그러면 싱크홀은 수도관을 잘 정비하고, 지하수를 아껴 쓰면 일어나지 않는 거야?"

"흠… 땅을 적시는 게 망가진 수도관뿐일까? 공사나 농사처럼 물이 필요해서 일부러 저수지나 물길을 만들 때에는 특히 신경을 써야 해. 흠… 모래처럼 알갱이 사이의 틈이 많은 땅에 물을 가둔다면, 그건 싱크홀의 위험을 높이게 되니까."

"자연을 바꿀 때는 어떤 결과를 일으킬지 잘 생각해 봐야겠구나. 비가 엄청 많이 오는 경우도 위험하겠지?"

"흠, 태풍이나 허리케인처럼 비가 쏟아질 때 역시 싱크홀이 많이 발생할 수 있지."

"그래서 여름에 유난히 싱크홀이 많이 일어나는구나!"

허수 아저씨를 만나 폭우와 홍수를 경험해 봐서 싱크홀이 더 많이 발생할 수 있다는 사실이 무척 걱정되었어.

"멍! 싱크홀은 땅속에 잘 갇혀 있던 물이 없어져도 일어나고, 스며들어도 일어나는 거네!"

동굴은 천천히, 싱크홀은 갑자기

"론, 싱크홀은 사람이 살지 않는 곳에서는 거의 발생하지 않아?"

"흠…. 다음 장소로 가서 알려줄게."

"내 빨간 구두를 너무 혹사시키는 거 아냐? 호호."

도착한 장소는 동굴이었어.

"동굴이 싱크홀이랑 대체 무슨 관계야? 구멍이 뚫려 있다는 공통점이 있긴 한데…."

"도로시, 흠… 우리가 여기 왜 왔을 것 같아?"

"이런 동굴이 생기는 원리는 싱크홀과 비슷해. 주로 석회암으로 이루어진 지층의 탄산 칼슘 성분이 지하수에 녹아서 구멍이 뚫리는 거지."

론과 드론의 도움으로 캄캄한 동굴을 둘러보니 정말 멋진 광경들이 많았어. 고드름처럼 천장에 매달린 종유석, 천장에서 뚝뚝 떨어져 바닥에서부터 자라는 것처럼 보이는 석순…. 그리고 론의 말로는 동굴 밖 위에서 보면 싱크홀처럼 아래로 구멍이 난 지형도 있대. '돌리네'라고 하지.

"아까 마을에서 발생한 싱크홀은 너무 무서웠는데 이 동굴은 참 멋지다!"

"흠, 그래…. 사람이 없다면…. 천천히 일어난다면…."

동굴이 만들어지기까지는 엄청나게 오랜 시간이 필요하대.

그런데 마을에서 일어난 것과 같은 싱크홀은 순식간에 발생하잖아. 사람들이 모여 사는 곳에서 일어나면 큰 인명 피해를 입을 수도 있고 말이야. 비슷한 일이지만 일어나는 상황에 따라 달라지지.

내가 방학 동안 겪은 많은 일들도 마찬가지야. 결국 '재해'라는 건 인간이나 다른 생명체가 피해를 입을 때 붙이는 이름일 뿐, 지구에서는 얼마든지 일어날 수 있는 자연적인 일이지.

"멍멍! 도로시, 우리 이제 그만 돌아갈까? 나 추워."

토토가 오들오들 떨면서 말했어. 물에 젖은 채로 햇볕이 들지 않는 동굴에 있다 보니 나도 으슬으슬했어. 히어로가 감기에 걸려 앓아누우면 안 되니까 이제 돌아가야겠어.

"론, 덕분에 싱크홀부터 동굴까지 땅속 여기저기를 잘 둘러봤어. 너의 능력도 참 멋지다! 개학하면 다시 만나자."

도로시의 방학 탐구 생활

오늘의 탐구 주제 싱크홀

1. 싱크홀이란?

땅이 내려앉아 커다란 구멍이나 웅덩이가 생기는 현상이야.

2. 싱크홀이 일어나는 이유

싱크홀은 지하수가 빠져나가거나 땅속으로 물이 너무 많이 스며들 때 나타날 수 있어. 땅속을 채우던 지하수가 빠져나가면 빈 공간이 생기는데, 땅이 힘을 버티지 못하고 아래로 꺼지면서 싱크홀이 생겨. 반대로 땅속으로 물이 너무 많이 스며들어 흙을 적시면 흙 입자끼리 엉겨 붙는 성질인 '응집력'이 떨어지고, 버티는 힘이 약해져 무너지는 거지.

물에 잘 녹는 탄산 칼슘 성분으로 이루어진 석회암 지역에서는 자연 상태의 싱크홀이 생기기도 해. 빗물이나 지하수에 석회암이 천천히 녹으면서 구멍이 생기는 것인데, 매우 오랜 시간이 걸린대.

3. 대표적인 싱크홀 사례

2010년 과테말라에서는 3층짜리 공장 건물이 통째로 사라질 정도로 거대한 싱크홀이 발생했어. 지름이 약 20미터, 깊이는 무려 100미터에 달하는 규모였대. 기록적인 폭우와 연약한 지반, 낡은 하수관 등이 복합적인 원인으로 작용한 결과야.

2025년 3월, 대한민국 서울 도심에서 싱크홀이 발생해 운전자가 매몰되는 사고가 있었어. 2018년부터 2024년까지의 통계에 따르면 1년에 평균 약 198건에 이르는 싱크홀이 발생했다고 해.

이탈리아의 유적인 피사의 사탑이 기울어진 원인도 싱크홀이 일어나는 이유와 같다는 거 알고 있어? 모래와 점토로 이루어진 땅이 탑의 무게를 버티지 못한 거야.

4. 참고할 만한 자료

 싱크홀 지도
https://sinkhole-ebon.vercel.app/

우리나라에서 발생한 싱크홀 정보를 알아볼 수 있어.

6

다시 학교로

내일이면 개학

"내일이면 개학이야, 토토. 이번 방학은 정말 특별했어."

"멍. 맞아, 도로시 할머니의 빨간 구두 덕분에 초능력이 하나 더 생겼잖아."

그리고 빨간 구두로 지구 곳곳을 누비면서 소중한 인연들도 만났고 말이야. 산불 난 호주의 숲에서 만난 양철이, 농장에 갔다가 홍수를 함께 겪은 허수 아저씨, 히어로 학교의 선배님이었던 날씨 과학자 오즈 박사님, 히어로 새싹을 심으러 갔던 초원에서 만난 사자, 그리고 싱크홀이 일어난 옆 마을에서 땅속 탐험을 이끌어 준 친구 론까지. 이 모든 사건에서 늘 내 곁에 있어 준 미래의 히어로 조수 토토도 빼놓을 수 없지!

이제 꼴찌를 벗어날 자신은 생겼어. 그런데 히어로가 되어 세상을 구할 수 있을지를 생각하니 다시 자신이 없어졌어. 고작 이 정도 힘으로 어마어마한 일들을 해결할 수 있을까? 특히 곳곳에서 벌어지는 대형 재해들은 몇몇 히어로들의 힘만으로는 근본적으로 막을 수 없는 일들이잖아.

그때, 토토가 조심스럽게 엽서를 내밀었어.

빨간 구두와 함께 낡은 상자에 들어 있던 바로 그 엽서였어. 그때는 구두 사용법을 알아내는 데 정신이 팔려서 그냥 흘려보냈는데, 다시 읽어 보니 마음 깊이 스며들었어. 그래, 내 안에 힘이 있지! 우리 모두의 안에도 있고!

"할머니, 정말 감사해요."

내일 학교에 가면 꼭 해야 할 일이 있어. 그걸 다 준비하려면 오늘은 아마 못 자겠지만, 괜찮아.

자, 기대해 보라고!

히어로는 함께일 때 진짜

론의 도움을 받아 겨우겨우 친구들의 시선을 끈 나는 방학 동안 겪은 일들을 천천히 이야기했어. 우리는 모두 각자 뛰어난 능력을 가진 히어로 학교의 학생이지만, 이 세상에는 그 어떤 슈퍼 히어로가 와도 해결하지 못할 일이 있다는 것을 말이야.

그리고 어젯밤 부랴부랴 준비한 영상을 틀었어. 방학 동안 내가 만난 양철이, 허수 아저씨, 오즈 박사님, 사자, 그리고 론이 전해 준 영상 편지였지. 한마음으로 전하는 메시지와 내 진심 어린 이야기를 들은 친구들은 점차 고개를 끄덕였고, 하나둘씩 말을 보태기 시작했어.

친구들의 반응에 정말 기뻤고, 자신감이 생겼어.

"고마워, 애들아. 결정적인 힌트는 우리 할머니의 엽서에 있었어. 이 세상을 위해 해야 할 일은 바로 우리 모두가 각자의 자리에서 지구를 위한 실천을 해 나가는 거야."

대형 산불, 폭우, 가뭄 등에 숨겨진 원인은 지구 온난화였지. 요즘은 '지구 가열화'라고도 부르더라. 자연의 균형이 빠르게 무너지고 한계를 넘어설 때, 예상치 못한 사건들이 벌어지는 거야.

게다가 싱크홀처럼 인간의 행동에서 비롯된 재해도 있지. 이런 문제는 히어로의 힘만으로는 해결이 안 돼. 모두 함께 생활 습관과 태도를 바꿔야 해. 때로는 당장의 불편도 감수해야 하고 말이야. 지구에서 자연스럽게 일어나는 일들이 재해가 되지 않도록 우리 모두가 자신 안에 있는 힘을 깨우고 실천해야 하는 거야.

"자, 그럼 이제 우리 같이 해 볼까? 히어로 학교 학생이 아니더라도 이 책을 읽은 너, 바로 너도 함께할 수 있어! 우린 모두 히어로니까!"

환경 재해×오즈의 마법사

1판 1쇄 펴냄 | 2025년 10월 30일

글 | 국립과천과학관 정원영
그림 | 김정진
발행인 | 김병준 · 고세규
편집 | 박준영 · 이지혜
디자인 | 이소연 · 김경민
마케팅 | 김유정 · 신예은 · 최은규
발행처 | 상상아카데미

등록 | 2010. 3. 11. 제313-2010-77호
주소 | 서울시 마포구 독막로6길 11, 우대빌딩 2, 3층
전화 | 02-6953-7790(편집), 02-6925-4188(영업)
팩스 | 02-6925-4182
전자우편 | main@sangsangaca.com
홈페이지 | http://sangsangaca.com

ⓒ 국립과천과학관 정원영, 김정진, 2025

* 이 책은 저작권법에 의해 보호를 받는 저작물이므로
  저자와 출판사의 허락 없이 내용의 일부를 인용하거나 발췌하는 것을 금합니다.
* 책값은 뒤표지에 있습니다.
* 잘못된 책은 구입하신 서점에서 교환해 드립니다.
* KC마크는 이 제품이 공통안전기준에 적합하였음을 뜻합니다.

※본 책에 사용한 사진의 저작권은 셔터스톡에 있습니다.

ISBN 979-11-93379-61-5 73400